Inaomataia Ataei

Te korokaraki iroun Kym Simoncini

Library For All Ltd.

E boutokaaki karaoan te boki aio i aan ana reitaki ae tamaaroa te Tautaeka ni Kiribati ma te Tautaeka n Aotiteeria rinanon te Bootaki n Reirei. E boboto te reitaki aio i aon katamaaroaan te reirei ibukiia ataein Kiribati ni kabane.

E boreetiaki te boki aio iroun te Library for All rinanon ana mwane ni buoka te Tautaeka n Aotiteeria.

Inaomataia Ataei

E moan boreetiaki 2022
E moan boreetiaki te katootoo aio n 2022

E boreetiaki iroun Library For All Ltd
Meeri: info@libraryforall.org
URL: libraryforall.org

Atuun te boki Inaomataia Ataei
Aran te tia korokaraki Simoncini, Kym
ISBN: 978-1-922827-71-5
SKU02267

Inaomataia Ataei

Bon tiiteboo inaomataia ataei ni kabane n te aonnaaba aio ma ngkoe.

Te inaomata bon te bwai ae na riai ni iai irouia ataei ake a na kona ni karaoi.

Inaomataia ataei bon ibukiia aomata
nako ake i aan **18** aia ririki ni maiu.

A koreaki inaomataia ataei n te
ngaa ruabubua wanibwi ma ruaiua,
ma angiina aomata a bon aki atai.

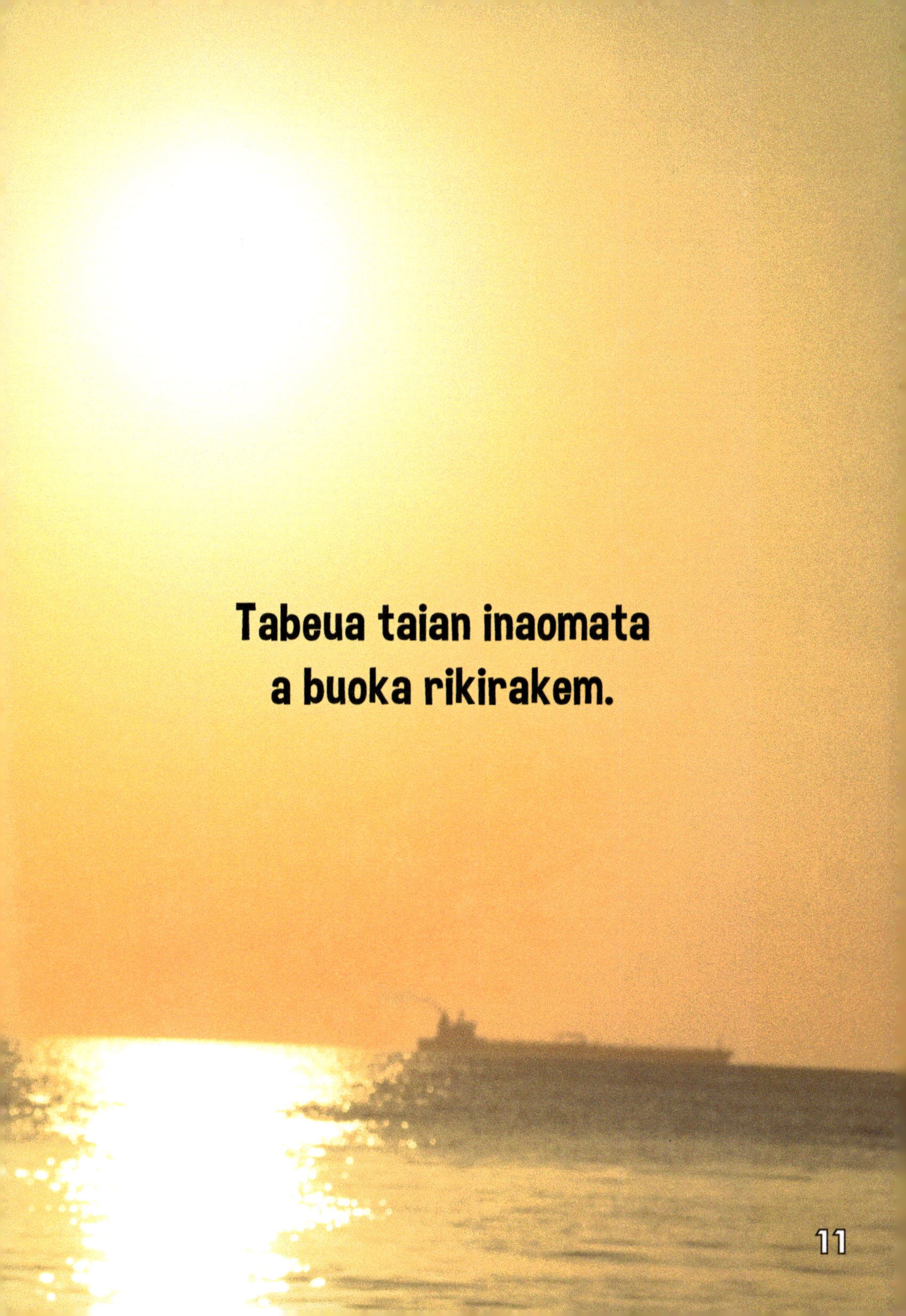

Tabeua taian inaomata
a buoka rikirakem.

Iai inaomatan te ataei nakon te amwarake ae kamarurung ao te ran ae itiaki bwa e na rikirake ao e na korakora.

Iai inaomatan te ataei
nakon te bwai n aoraki.

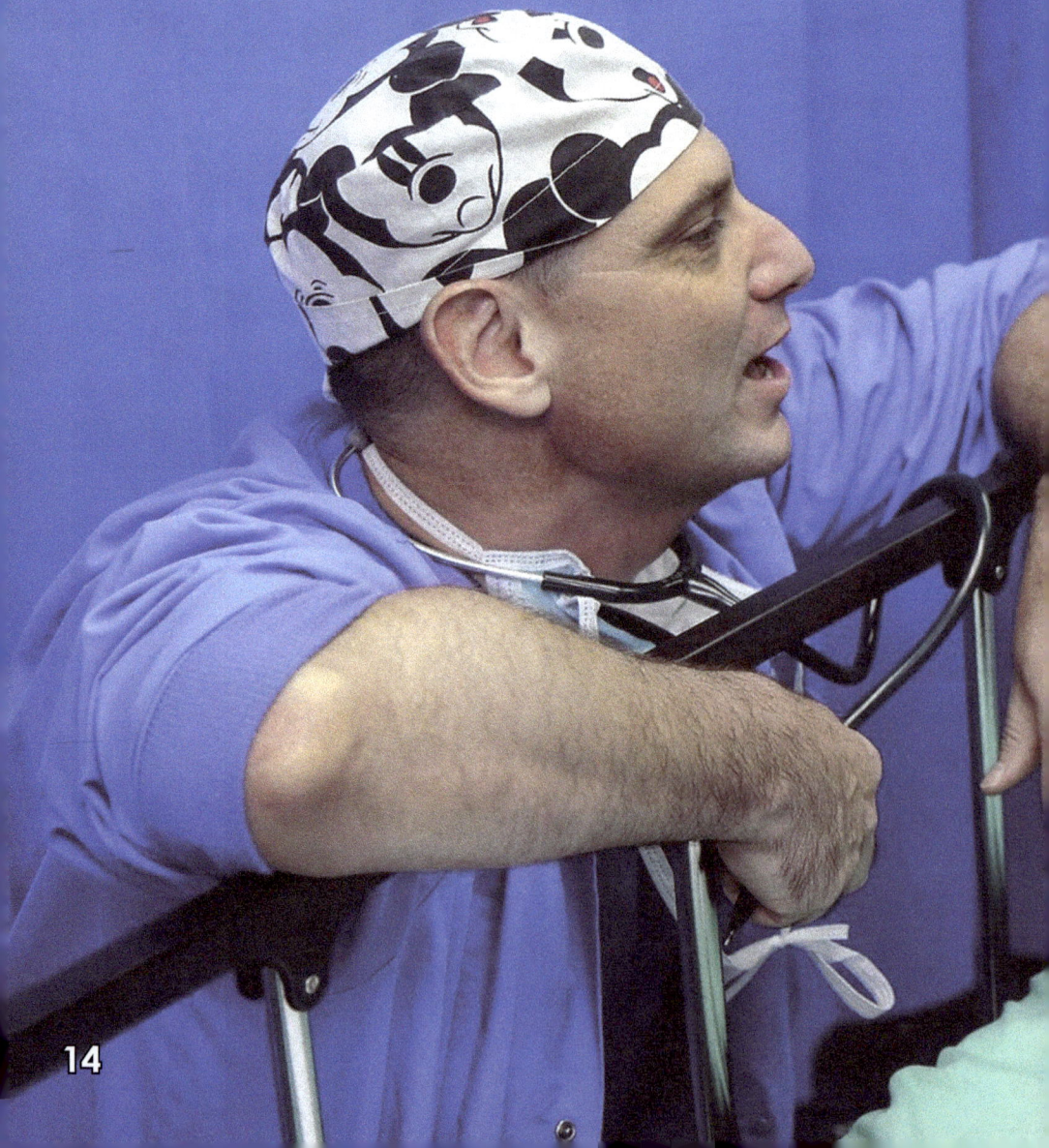

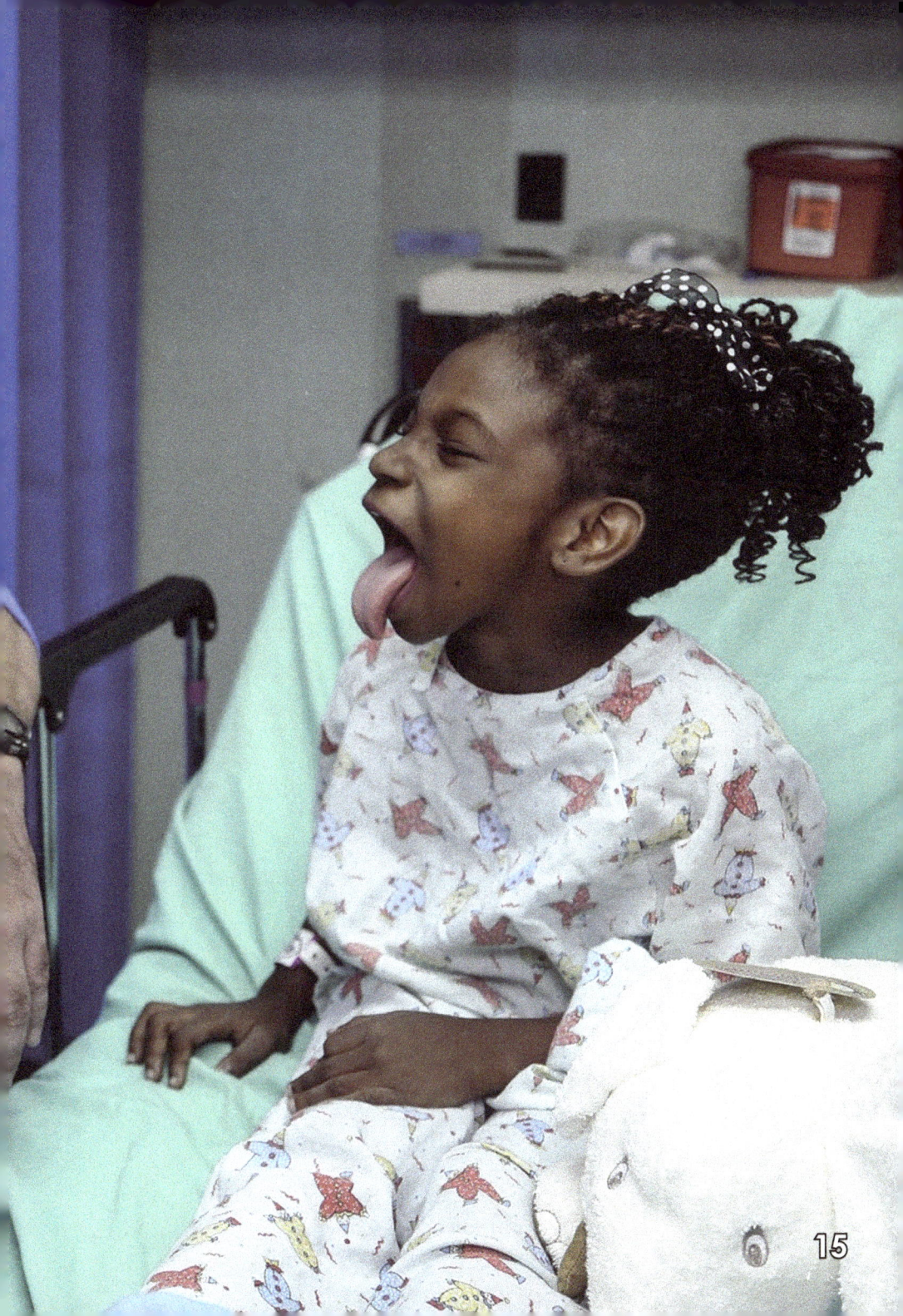

Iai inaomatan te ataei ibukin
te tararua ae onoti ao te
ibuobuoki ngkana iai toaraana.

Iai inaomatan te ataei
n iai raoraona.

Iai inaomatan te ataei ni kakukureia ao n takaakaro.

Iai inaomatan te ataei ni karekea
te rabakau ao n iira te reirei.

E tabuaki kaboonakoaia ataei
ke kammwakuraia ni mwakuri
aika a na reke iai n te kaangaanga
ke n irii taian buaka.

Iai inaomatan te ataei n taetae n oin ana taetae.

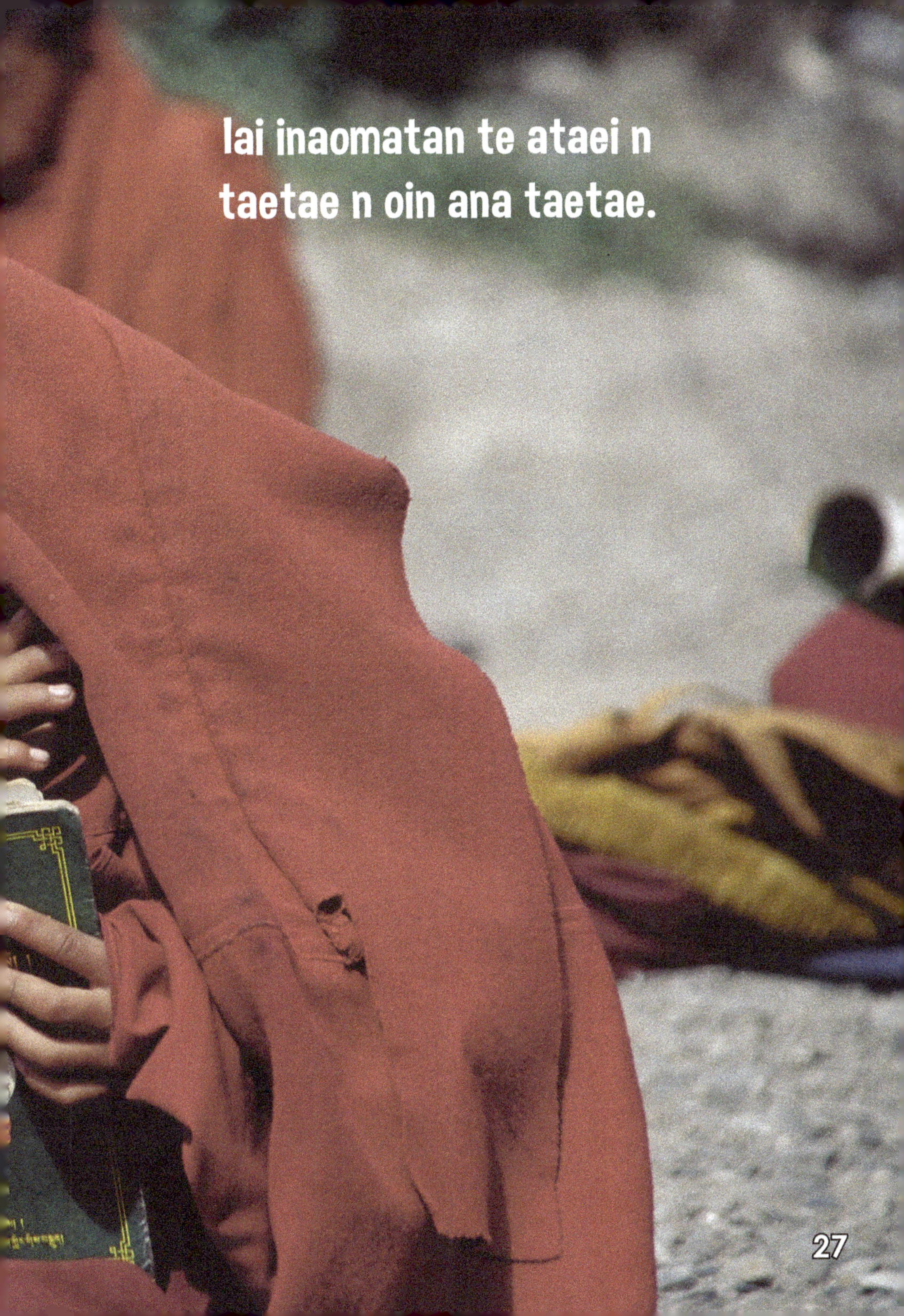

Iai inaomatan te ataei
ni bukamarua ana katei.

Iai inaomatan te ataei
n ira oin ana aro.

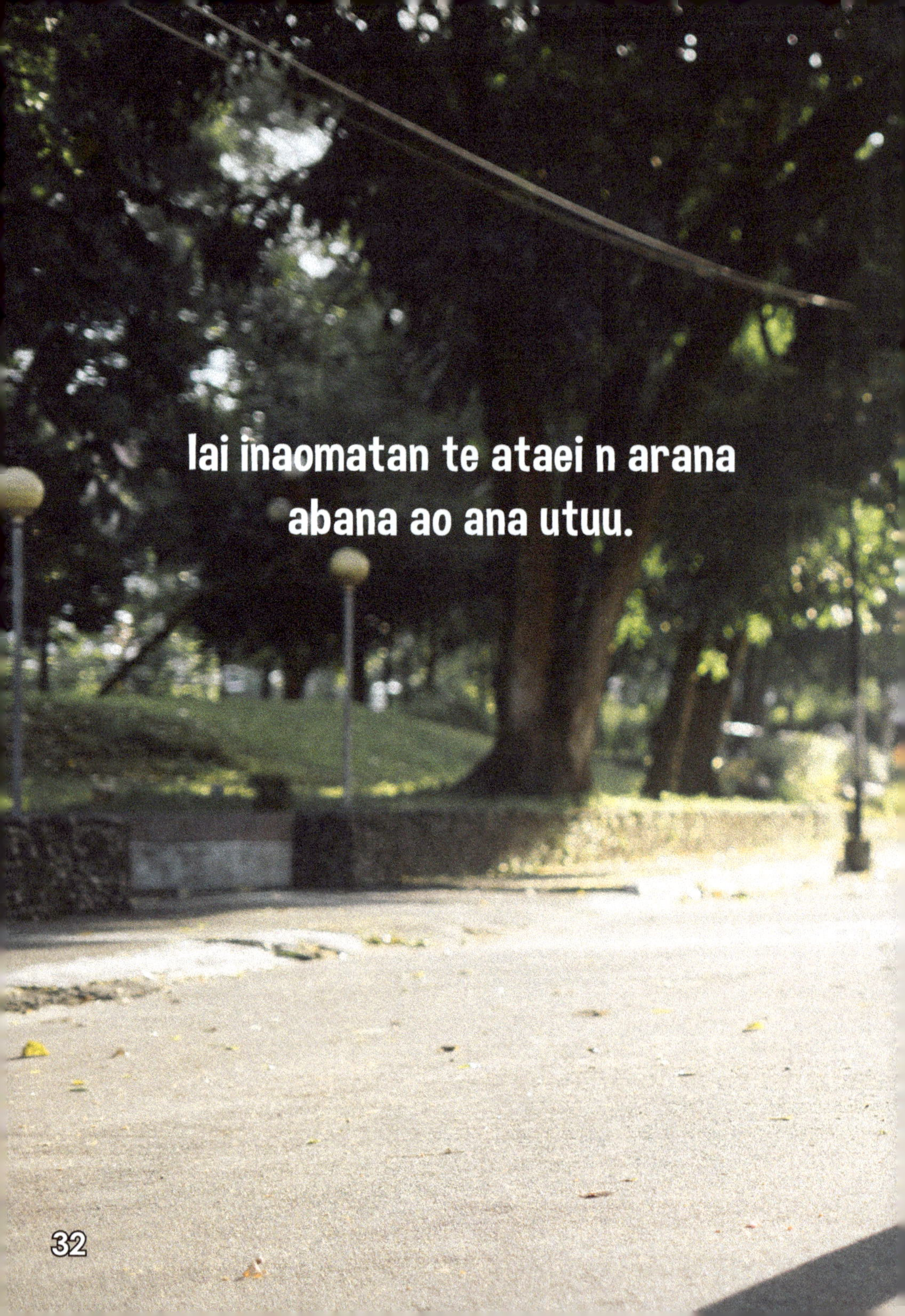

Iai inaomatan te ataei n arana abana ao ana utuu.

Iai inaomatan te ataei bwa e na riki bwa te kabanea n tamaaroa ao ai arona naba nakoim.

Ko kona ni kaboonganai titiraki aikai ni maroorooakina te boki aio ma am utuu, raoraom ao taan reirei.

Teraa ae ko reiakinna man te boki aio?

Kabwarabwaraa te boki aio.
E kaakamanga? E kakamaaku?
E kaunga? E kakaongoraa?

Teraa am namakin i mwiin warekan te boki aio?

Teraa maamaten nanom man te boki aei?

Karina ara burokuraem ni wareware
getlibraryforall.org

Rongorongoia taan ibuobuoki

E mmwammwakuri te Library For All ma taan korokaraki ao taan korotaamnei man aaba aika kakaokoro ibukin kamwaitan karaki aika raraoi ibukiia ataei.

Noora libraryforall.org ibukin rongorongo aika boou i aon ara kataneiai, kainibaaire ibukin karinan karaki ao rongorongo riki tabeua.

Ko kukurei n te boki aei?

Iai ara karaki aika a tia ni baarongaaki aika a kona n rineaki.

Ti mwakuri n ikarekebai ma taan korokaraki, taan kareirei, taan rabakau n te katei, te tautaeka ao ai rabwata aika aki irekereke ma te tautaeka n uarokoa kakukurein te wareware nakoia ataei n taabo ni kabane.

Ko ataia?

E rikirake ara ibuobuoki n te aonnaaba n itera aikai man irakin ana kouru te United Nations ibukin te Sustainable Development.

librarial forall.org

www.ingramcontent.com/pod-product-compliance
Lightning Source LLC
Chambersburg PA
CBHW040312050426
42452CB00018B/2814